www.jan-j-laurenzi.de

Jan J. Laurenzi (Hrsg.)

Nur nicht so tropfenweis verbluten

Ada Christen
Verloren zwischen Wut und Liebe

Eine kleine Anthologie

Bibliografische Information der Deutschen Nationalbibliothek:
Die Deutsche Nationalbibliothek verzeichnet diese Publikation in
der Deutschen Nationalbibliografie. Detaillierte bibliografische
Daten sind im Internet unter http://dnb.d-nb.de abrufbar.

Impressum:
© 2021 Laurenzi, Jan J.
Herstellung und Verlag: BoD - Books on Demand, Norderstedt
ISBN 9783752683561

Inhalt

Hinweise:
Die Texte wurden der modernen Rechtschreibung angeglichen.
Die Ziffern am Ende der Gedichte beziehen sie auf die Seitenzahl in
der verwendeten Quelle (s. S. 81)

*Es ist ein sehr ernstes, auch oft bittres Buch;
aber es ist kein faselicher Weltschmerz, man
fühlt, es steht ein Lebendiges dahinter.*

Theodor Storm über Ada Christens Gedichtband „Aus der Tiefe"

Ich lausche lange oft in einer Ecke

Ich lausche lange oft in einer Ecke,
Bis ich auf der Terrasse Dich erspähe;
Du aber ahnest nimmer meine Nähe,
Ahnst nicht die Qualen, die ich mir erwecke.
Du hüllest Dich in Deine weichen Tücher
Und trällerst leichthin Deine weichen Lieder,
Oh, komm zu mir, – komm wieder, – komme wieder! –
Ich schaffe Gold – ich denke große Bücher;
Verlass dies Haus, ich will ein Neues bauen,
Ich will für Deinen Putz mich stündlich mühen,
Von Dir begeistert soll mein Lied erglühen,
Ich kann nicht dichten, ohne Dich zu schauen! –
Was ruhelos zu Dir mich hingetrieben,
Was ich ersticken wollt mit eitlem Lachen, –
Nur Deine Nähe konnt' es klar mir machen:
Es ist mein *tiefes, wahres, bestes* Lieben ...

106

Zorn

Reize mich nicht – oh, reize mich nicht!
Ich könnte sonst vergessen,
Wie viel ich törichte Liebe für Dich
Und Selbstverleugnung besessen!

Ich könnte vergessen, was ich Dir galt
Und was ich um Dich gelitten,
Drum reize mich nicht – oh, reize mich nicht,
Zur Stunde kann ich noch bitten!

Doch wehe! Wenn ich es nicht mehr kann,
Dann kenn ich kein Zögern und Schwanken,
Du weißt, wenn meine Lippe zuckt,
Dann morden die bösen Gedanken.

38

Lebend unter Niedern und Rohen

Lebend unter Niedern und Rohen
Zieht's mich mächtig empor zum Hohen;
Doch die Flügel beschwert mit Steinen,
Sink ich aufs Neue herab zum Gemeinen.
Müde des Eklen und Kleinen
Eil ich zu Orgien aus bitterer Not –
Und so, begeistert vom Reinen,
Erstick ich noch im Kot!

19

Dein Vers hat nicht das rechte Maß

„Dein Vers hat nicht das rechte Maß",
So will man mich verweisen,
„An Fluss und Glätte fehlt es ihm" –
Und wie sie's sonst noch heißen.

Sie zählen an den Fingern ab,
Verbessern wohl zehnmal wieder;
Ich leg die Hand auf mein blutendes Herz:
Was *das* sagt, schreib ich nieder.

12

Die lustigen Champagnergeister

Die lustigen Champagnergeister
Die drehen mich jetzt im Kreis
Und im Kopfe summt mir
Eine seltsam wirbelnde Weis'.

O weh, im Magen ist mir
Auch gar so wunderlich;
Doch das allergrößte Übel
Ist, dass ich denk an Dich!

Sie glauben, dass ich betrunken sei
Und wollen mit mir spielen;
Oh, hütet euch, gerad im Rausch
Erwachen die bösen Grillen.

Denn wenn ich's recht toll getrieben,
Getobt, mich heiser gesungen:
Hab ich nur zu übertäuben gesucht
Meine bösen Erinnerungen.

15

Im Konzert

Die traurige Kindheit,
Des Vaters Tod,
Der Jugend Blindheit,
Die herbe Not,
Die Wintertage,
Das dünne Kleid,
Die Sorg und Plage,
Das Seelenleid ...
Die Gleichgültigkeit,
Die schwer wie Erz,
Die schmerzlose Zeit –
Die mehr als Schmerz ...
Das alles wogte
Wieder vorbei,
Mit leisem Schluchzen
Und dumpfem Schrei,
Als Deine Hand
Durch die Saiten glitt –
- - -
Oh, wie ich litt! -

75

Auf dem alten jüdischen Friedhofe

Sinnend stand ich bei dem Grabe
Rabbi Löws, des jüd'schen Weisen,
Hörte wie im Traum den Führer
Seine toten Ahnherrn preisen.

Und warum, so frug ich staunend,
All die Juden, groß und kleine,
Auf das Grab mit leisem Murmeln
Werfen bunte Kieselsteine?

Und es wurde mir die Antwort:
„Um zu ehren, ist geboten,
Dass wir Blumen streun Lebend'gen,
Steine auf das Grab der Toten."

Von solch heidnischem Gebrauche
Sind wir Christen längst gereinigt:
Wir *bekränzen* stets die Gräber
Jener, welche wir *gesteinigt*.

55

Der Schulmeister

Der spindeldürre blasse Kumpan
Voll wohlgefügter Reden
Schaut prüfend sorgsam die Menschen an,
Als examinierte er jeden.

Die Augen sind klein, das Stimmchen fein,
Gezirkelt alle Gebärden,
Man sagt, er sprach vor Jahren Latein
Und wollte auch Dichter werden.

Jetzt hat er oft Hunger ... immer Durst ...
Und dichtet nur epigrammatisch,
Verwertet für Wein als Wirtshaus-Hanswurst
Auch sein Talent dramatisch.

138

Sie fragen mich nicht

Sie fragen mich nicht
Die mitleidigen Sterne,
Was mich bewegt ...
Aus endloser Ferne
Leuchtet ihr Licht
Mir in die Brust ...

Sie fragen mich nicht
Die geduldigen Sterne,
Sie lauschen lautlos,
Als hörten sie gerne
Was Sehnsucht spricht.
Auch sie gehorchen
Willenlos schweigsam
Der lenkenden Kraft
Die herrschet unbeugsam.
Was mich bewegt
Fragen mich nicht
Die mitleidigen Sterne.

129

Mein Kind

Ich habe keine Schmerzensworte,
Hab keine Tränen, kühlend lind,
Hab nicht Gebete, stille fromme –
Sterbend liegt vor mir mein Kind!

Es presst mir Kopf und Herz zusammen,
Die Luft, sie flimmert blutig rot –
Stirb nicht! Mit dir stirbt alles, alles –
Mein letzter Halt wär mit dir tot! – –

Ist tot! – Ein leiser, kurzer Schrei –
Das Köpfchen sinkt, das bleiche,
Und an die schmerzerstarrte Brust
Drück' ich die kleine Leiche.

30

Gegenüber!

Das ist ein Kichern, ein Jubeln und Lachen,
So kindlich heiter und kindlich warm,
Es schäkert drüben am Fenster die Mutter,
Ihr jauchzendes Kindlein im wiegenden Arm.

Und wie sie so tänzelt und singend scherzet,
Das kleine Wesen so innig küsst,
Da fühlt sie, es ist ihr Eines und Alles,
In dem sie das Glück und die Zukunft begrüßt.

Oh, glückliche Mutter! – Vor Not und
                              Schmerzen
Behüte Dein Kindlein treu und lind –
Es gibt auf der Erde manch einsame Mutter
Und unter der Erde – manch liebes Kind!

49

In deiner Stimme bebt ein Ton

In deiner Stimme bebt ein Ton,
Der alles überklingt,
Und der mir wie ein schneidend Weh
Zum tiefsten Herzen dringt.

Wie riss doch dieser eine Ton
Mir auf die alten Wunden;
Oh, dass ich nimmer ihn gehört
Und nimmer dich gefunden!

Oh, lass das Heut' vergessen sein
Und mich samt meinen Scherzen;
Es sind ja doch die Schreie nur
Der unheilbaren Schmerzen!

28

Eine Heimgekehrte

Ein gelbes Kleid! Und Edelsteine!
Ei, die ist spaßhaft hergeputzt!
Doch Augen hat sie wie nur Eine,
Hübsch wenn sie lacht, hübsch wenn sie trutzt.

Von Federn strotzt ihr Hut ihr feiner,
Lorgnon und Fächer trägt sie gar,
Kein Handschuh macht die Hände kleiner
Der Kuhmagd, die sie früher war.

Auch lustig ist das Ding geblieben,
So kindisch-eitel, schwatzhaft-froh,
Trotzdem es sich herumgetrieben
Gedankenlos und herzensroh

Doch Eines hat sie gut begriffen
Und es den Städtern nachgetan:
Sie fing mit dummen Weiberkniffen
Sich einen klugen, reichen Mann.

139

Es erlischt

Es erlischt
Jeder Schmerz,
Jedes Leid
Ist hinweggewischt,
Der Erde Gewühl,
Die Welt versinkt
In Einem Gefühl
Der Seligkeit ...
Jeder Blick, er trinkt
Die rauschende Zeit,
Wenn Auge und Herz
An dem Zeiger hängt
Und alles Leben
Zusammendrängt
In den Einen
Einzigen Gedanken:
Er kommt!
Bald ist er da! ...

119

Ob ich zurecht mich in der Ferne fand?

Ob ich zurecht mich in der Ferne fand?
Ich suchte Menschen auf und laute Straßen,
Ich konnte keinen lieben, keinen hassen,
Und keiner bot mir mitleidsvoll die Hand.

So trieb ich ruhelos von Land zu Land,
Ein Blatt im Wirbel, einsam und verlassen,
Und sehnte mich nach Deinem Haupt, dem blassen,
Wie nach der Heimat, die ich niemals fand ...

130

Anzünden das Licht

Anzünden das Licht ...
Warum? – Wozu
Beleuchten
Die öde Ruh,
Das eigene Leid,
Die feuchten
Einsamen Kissen,
Das winzige Kleid,
Das zerrissen
Im Fenster schwebt,
Und bewegt vom Wind
So sachte webt,
Als trüg' es mein Kind ...
Das *gestern* – gelebt.

159

Dass im Herzen mir erstorben

Dass im Herzen mir erstorben
Alle, alle guten Keime,
Dass vom Laster überfluten
Meine Worte, meine Reime;
Dass in der entweihten Brust
Wüste Leidenschaften toben:
Menschen, das verdank ich euch!
Teufel müssen euch belohnen!

20

Rückkehr

Zuckt nicht die Achseln, grüßt nicht so höhnisch
Und wendet euch nicht spöttisch ab!
Ich will kein Geld von euch entlehnen,
Will nicht zurück, was ich euch gab.

Nicht euern Liebsten mehr gefährlich
Bin ich und nimmer eurem Ruhm;
Der Kummer nahm mir meine Schönheit
Und all mein Unglück macht mich dumm.

Ich komm zu euch, weil fortgetrieben
Vom sichern Strand mein Lebensschiff;
Ganz soll es scheitern, darum lenk ich's
Zurück zu euch –: ihr seid das Riff!

26

Ihr Lied

Alte Träume, alte Leiden,
Hörst in meinem Lied Du sprießen,
Alte Tränen siehst Du fließen
So wie einst bei unserm Scheiden.

Alte Träume, alte Leiden
Hörst Du leise bittend flüstern:
Nimmer sollst Du schmerzenslüstern
Lippen, die Dich küssten, meiden.

119

Tote Liebe – kalte Asche

Tote Liebe, – kalte Asche!
Armer, längst zerstobner Traum –
Wie ein geisterhaftes Mahnen
Weht es durch den öden Raum!
Oft ist mir, als müsst ich hüten
Dich, wie einst, mein sterbend Kind –
Doch ein Luftzug – und die Asche
Fliegt hinaus in Nacht und Wind!

42

Wesen, kleines, längst verklärtes

Wesen, kleines, längst verklärtes,
Stern in meines Lebens Nacht,
Reingeliebtes, heißentbehrtes,
Sprich zu mir im Traume sacht!
Schlinge Deine kleinen Arme
Um die Brust so glückberaubt,
An mein Herz, das lebenswarme,
Leg Dein totes kaltes Haupt!

47

Mariechen

Ich schaute ganz wie Du als Kindlein aus,
Nur etwas bleicher waren meine Wangen
Und wurden rot wie Deine, wenn im Haus
Wir polternd über Tisch und Stühle sprangen.

Die Augen waren auch so blau und rein,
Die Locken fielen drauf wie goldne Fädchen,
Doch liebte niemand mich, als ich noch klein –
So innig wie ich Dich, Du kleines Mädchen!

49

Haltlos

Moderne Zigeuner,
Wüste Gesellen,
Vagabunden des Lebens.
Die ringen
Und wandern
Und suchen –
Doch immer vergebens!
Einsame große Kinder
Mit halbem Wissen
Totkrankem Herzen –
Und immer hinaus, immer weiter!
Nach außen keck,
Nach innen verjammert,
Den Rücken zerschlagen von der Hand,
An die sie vertrauend sich geklammert!

23

Wie so kleinlich, wie erbärmlich

Wie so kleinlich, wie erbärmlich
Beugt Ihr Euch vor meiner Macht,
Vor den Herzblut-Purpurfetzen,
Vor der Dornenkrone Pracht.
Oh, ich hör's, aus Eurem Lobe
Zuckt der alte Spott, die Schmach,
Denn Ihr könnt es nimmer glauben,
Dass ich meine Ketten brach;
Ich zerbrach sie doch! Oh, glaubet,
Meine Selbstverachtung schwand,
Als ich Euch so feig, so hündisch,
So verachtungswürdig fand.

45

Magdalena

Zuweilen, wenn ich ganz allein,
Nahst Du in Dämmerstunden,
Du schwebst so bleich und still herein,
Wie ich Dich einst gefunden.

Du lachtest damals, seltsam klang
Dein Wort, voll herber Zweifel,
Um Deine müde Seele rang
Dein Engel mit dem Teufel ...

Ich sah Dich fiebernd, traurig, kalt,
Nach Neuem suchen, greifen,
Und sah Dich überdrüssig bald
Gefundnes von Dir streifen.

Ich sah Dich edel, jung und froh,
Und in den nächsten Stunden
Sah ich Dich kleinlich, alt und roh,
Erkrankt an Todeswunden.

Das dunkle Rätsel Deiner Qual
Hast Du mir nie erschlossen,
Nur Deine Tränen sind einmal
Heiß auf mein Haupt geflossen. –

Durch Dämmerung und Herbsteswind
Hör ich Dich seither klagen,
Denn Du bist tot, Du armes Kind,
Seit langen, langen Tagen.

78

Nach Jahren

Wie seltsam! Unser feiger Mut
Lässt alles Elend uns tragen;
Oh, hätten wir doch den echten Mut,
Das lösende Wort zu sagen.

Wir laufen neben einander her,
Und werden müder und müder;
Ich werde blässer und kränker stets
Und du wirst kälter und rüder.

Oh, raffe dich auf und fasse Mut,
Und sei zum letzten Mal ein Mann.
Brich du mit einem Wort entzwei,
Was ich nicht länger tragen kann!

34

So ist es

Du kennst mich nicht, du liebst mich nicht,
Und alles bist du mir;
Du hältst mich wie ein Spielzeug nur,
Und alles zieht mich zu dir.

Aus Moder, Schutt und Elend
Schlagen heilige Flammen,
Dich wärmen sie nicht; – mein Leben
Brennen sie zusammen.

31

Was fragst Du den Mann

Was fragst Du den Mann
Nach Heimat und Haus?
Er hat sie nicht –
Du horchest nach Vater
Und Mutter ihn aus,
Er kennt sie nicht.
Was fragst Du den Mann
Nach Kind und nach Weib?
Er klagt doch nicht,
Dass sie ihn verließ
Mit Seele und Leib,
Um einen Wicht...
Was fragst Du den Mann
Nach seinem Gott?
Er suchte Licht! –
Warum blieb es dunkel
In Elend und Spott?
Er weiß es nicht. – –

91

Wie sie lodern, wie sie beben

Wie sie lodern, wie sie beben,
Still verglimmen und verweh'n –
Und ein Stück von meinem Leben
Seh in Asche ich vergeh'n.
Weiche, goldig-blonde Locken,
Manche Blume, die da schlief,
Es zerstirbt in Aschenflocken
Mancher alte Liebesbrief.
Welches Glück die Worte brachten,
Diese Phrasen, – Gott erbarm!
Wie sie *heiß* den Kopf einst machten –
Heute wird die *Hand* kaum *warm*!

40

Mene – Tekel!

Sitt'ge Mienen, weiße Schminke,
Greller Diamantenglanz,
Halbverhüllte üpp'ge Glieder
Und ein vornehm-freier Tanz.

Tief gesenkte keusche Augen,
Auf den Lippen lockern Scherz
Und französisch-seichte Phrasen,
In der Brust ein leeres Herz;

Schlaffe Züge, welke Lippen,
Näselnd, läppisch-träger Ton,
Pferd und Hunde ihre ganze
Wissenschaft und Passion!

Und das lebt so geistverachtend,
Selbstgenügend, sorglos hin,
Flammt auch auf den goldnen Wänden:
Mene – Tekel – Upharsin! –

58

Sehnsucht

Die Nacht ist ruhig und duftig,
Die Luft weht lau und lind;
Unter den Sternenaugen
Such ich die deinen, mein Kind!

Ich möchte dich sehen und küssen,
Mein Einz'ges, das alles mir gab,
Ich möchte still bei dir liegen
Im kleinen stillen Grab.

32

Finis!

Oh, wende ab Dein Angesicht,
Das tränenfeuchte, schmerzensbleiche,
Die Tränen wecken Tote nicht,
Und Du kniest hier vor einer Leiche.
Fleh nicht mit gellem Jammerschrei:
„Nur eine Stunde soll sie leben!"
Es ist vorbei, – es ist vorbei –
Das fühlst Du durch die Seele beben.
Du suchtest Freude hier und Lust,
Der toten Jugend süße Namen;
Oh, Mann! – schau in die öde Brust –
Und Du verstehst mein „Nein", mein „Amen!"

42

Logik

Es liegt voll seichter Logik
Dein Brief in meinen Händen;
Du meinst, was einen Anfang gehabt,
Das müss auch wieder enden.

Ich kann mit solcher Weisheit
Mich heute nimmer raufen;
Doch meine beste Logik wär,
Mir einen Strick zu kaufen.

32

Einem Dichterlein

Oh, säng ich doch von Veilchenduft,
Gleich Dir von Lieb und Mondenschein,
Von Waldesgrün und Himmelszelt,
Von Frühlingspracht und Vögelein!

Du säuselst laue Treibhausluft
Und weinst gewärmte Tränelein,
Und meinst, es müsst die ganze Welt,
Nur weil Du klagst, auch kläglich sein.

Oh, honigsüßes Dichterlein,
Der Du aus Büchern dichten lernst
Und flau besingst, was stets Dich mied:
Des Lebens echten Schmerz und Ernst.

Und doch! säng ich so zierlich fein
Gelernten Schmerz, gelesne Lust,
Nicht spräng mir jedes kleine Lied
Ein blutig Mäuslein aus der Brust.

50

Oh, könnt ich alles geben

Oh, könnt ich alles geben,
Was dieses Herz bewegt,
Und all die tausend Gedanken,
Die wüst mein Schädel hegt! –

Es dränget heiß zur Lippe,
Was mir das Herz zerbricht;
Ich kenn es, ach, ich fühl es –
Doch sagen kann ich's nicht!

7

Ich sehne mich nach wilden Küssen

Ich sehne mich nach wilden Küssen,
Nach wollustheißen Fieberschauern;
Ich will die Nacht am hellen Tag
Nicht schon in banger Qual durchtrauern.

Noch schlägt mein Herz mit raschem Drang,
Noch brennt die Wang' in Jugendgluten –
Steh still, lösch aus mit einem Mal!
Nur nicht so tropfenweis verbluten!

12

Wie in süßen Morgenträumen

Wie in süßen Morgenträumen
Liegt vor mir ein kleines Haus,
Blütenweiße Bäume strecken
Winkend ihre Äste aus.

Liebes, lang entbehrtes Grüßen
Ist der Lerche jubelnd Lied,
Das wie klingend helles Strömen
Ob dem Haupte wirbelnd zieht.

Kleines Haus und Blütenbäume,
Ich versteh den Zauber nicht;
Doch er spricht zum dunklen Herzen
Und es wird drin wieder Licht!

52

Erwachen

Mir war, als ob in dumpfem Schmerz
Die Seele wollt erlahmen –
Da plötzlich, schier halb unbewusst,
Nannt still ich deinen Namen.

Und nun im selben Augenblick
Hat es mich überkommen,
Hab mehr *dich* als mein Kind geliebt,
Drum ward es mir genommen.

30

Die Arbeit geht mir von der Hand

Die Arbeit geht mir von der Hand,
Aber mein Sinn ist trüb ...
Ich liebe Dich und bau auf Sand
Denn Du – hast mich kaum lieb,

Ich füge fleißig Rad zu Rad,
Doch tut das Herz mir weh!
Ich muss dran denken früh und spat,
Bis ich Dich wiederseh!

Dann sag mir: „Ich gehör Dir an!"
Dein liebliches Gesicht,
Dein Mund, er küsset mich sodann,
Doch – Deine Seele nicht ...

148

Über meinem Lager hängt

Über meinem Lager hängt,
Welk, bestaubt und abgestorben,
Ein beflorter Lorbeerkranz
Neben Myrten, längst verdorben.

Und in meinem Fiebertraum
Schaute ich sie wieder blühen –
Und mich selber jugendfreudig
Unter ihrem Duft erglühen.

Aber ach, das Fieber schwand.
Welk, so wie mein eignes Leben,
Schaue ich die Kränze dort
Nur an dünnen Fäden schweben.

66

Fremder Menschen bunte Massen

Fremder Menschen bunte Massen,
Fremder Sprache milder Laut,
Große Häuser, helle Straßen,
Selbst der Himmel heller schaut.
Seltsam fremd, wie nie besessen,
Klingt mir hier der Name mein,
Auch mein Herz lernt hier vergessen,
Lernt vielleicht hier glücklich sein.

53

Zu spät!

Unsre Schiffe willst Du lenken
Nun nach einem gleichen Ziel?!
Fern Dir, losgerissen treib ich,
Längst der wilden Stürme Spiel.
Fürchte Du das böse Zischen,
Kalte Grollen, fürcht das Meer,
Lass mich ringen mit den Wogen,
Einsam, haltlos, ohne Wehr!
Bleibe still und unbekümmert
Ferne mir und nah dem Strand,
Bald entsinket ja das Ruder
Meiner kraftlos müden Hand –
Oder – stürze mutig nach mir,
Wenn mein Fahrzeug untergeht –
Sterben können wir zusammen,
Doch zum *Leben* ist's zu spät!

40

Hab oft mich zurecht nicht gefunden

Hab oft mich zurecht nicht gefunden
Da draußen im Gedränge,
Und oft auch wieder wurde
Die Welt mir fast zu enge.

Dann liebt' ich schnell und lebte schnell
Und schürte mein Verderben;
Der Pöbel johlte – ich lachte
Zu meinem lustigen Sterben.

20

Auf dem Markusplatze

Ich kann's nicht schauen, dieses träge Leben,
Mir graut ob dieser müßigen Gestalten,
Die lässig spielen mit des Mantels Falten
Und marionettenhaft die Glieder heben.

Oft zuckt es auf in ihres Blicks Umnachtung,
Es flackert dann ein sinnlich-weiches Lachen
Um ihren Mund, als wollten sie erwachen
Aus ihrer unbewussten Selbstverachtung.

Mir ist zumute oft, als zögen Leichen,
Die künstlich nur ins Leben rückgerufen,
An mir vorbei, hinab die Marmorstufen,
Um wieder in die Grüfte zu entweichen.

81

Not

All Euer girrendes Herzeleid
Tut lange nicht so weh,
Wie Winterkälte im dünnen Kleid,
Die bloßen Füße im Schnee.

All Eure romantische Seelennot
Schafft nicht so herbe Pein,
Wie ohne Dach und ohne Brot
Sich betten auf einen Stein.

144

Biedere Hausfrauen

Soll ich es nochmals wiederholen?
Ihr habt mich ja so oft gefragt,
Und tausend Mal hab ich auf Ehre
Die volle Wahrheit Euch gesagt. –
Ja, ich bewundre Eure Tugend,
Und ich bewundre Eure Kinder,
Bewundre Eure magern Mägde,
Bewundre Eure fetten Rinder;
Bewundre mehr noch Eure Männer,
Bewundre Eure kluge Stummheit,
Bewundre Eure feine Wäsche –
Beneide Euch um Eure Dummheit.

47

Weiber

Ich kam mit Tränen und wollte büßen,
Was ich und Andere verschuldet;
Sie aber traten stolz mit Füßen
Das Herz, das schon so viel erduldet.

Und Weiber waren es immer wieder,
Die mich entrüstet mit Geißelhieben
So tugend-dumm und weiblich-nieder
Von neuem stets ins Elend trieben.

21

Mut!

Zahmer Narrheit wässrig Seufzen,
Feiges, kindisch-weiches Beten;
Was man töricht selbst verschuldet,
Daraus soll uns Gott erretten!

Unser Gott ist vielbeschäftigt,
Lässt uns jammern hier auf Erden,
Sagt: „Wer viel geliebt (gelitten),
Dem wird viel vergeben werden."

31

Evoe! Es klingen die Becher

Evoe! Es klingen die Becher;
Evoe! Es kreischen die Weiber,
Wilder, brünstiger klammern sich fest
Zum lüsternen Tanze die lüsternen Leiber.
Evoe! Die trunkene Lust
Kann uns der Himmel nimmer geben:
Aber die Hölle vergessen lässt –
Evoe! – Dieses wüste Leben!

14

Im Frühling

Soll ich Euch singen das alte Lied
Von Jugend, Frühling und Rosen?
Soll ich Euch schildern mit süßem Wort
Das Sprießen, Knospen und Kosen?
Ihr höret, sehet und fühlt es nicht,
Wenn Dichter auch rührend leiern,
Dass wieder einmal die Wiese grünt,
Die Winterstürme nun feiern.
Als Gottesfriede und Frühlingsluft
Durch alle Welten gezogen,
Habt Ihr, wie am schmutzigsten Wintertag,
Geschachert doch nur und betrogen!

57

Heut haben wir schönes Wetter

„Heut haben wir schönes Wetter."
„O ja, recht schönes, mein Herr!"
Das sind so unsre Gespräche,
So kalt, so dumm, so leer.

Du streichelst mir fragend die Wange,
Du kennst das gewisse Rot;
Für dich ist's nichts als Schminke –
Für mich: in der Brust der Tod.

9

Mein Lied

Einschneidend ist mein Lied und peinlich,
So frostig wie die Winternacht,
Es hätte sonst nach mir wahrscheinlich
Manch Törin Ähnliches gebracht;
In Versen rau und lebensfeindlich,
Wie ich geweint, geflucht, gelacht,
So derb-unkünstlich, geistig-kleinlich,
So tief gefühlt und – seicht gemacht.

48

So kommt und seht

So kommt und seht und staunt mich an!
Ich bin schon, die ihr sucht:
Das Wundertier, das, noch so jung,
Die ganze Welt schon verflucht.

Doch fürchtet euch nicht, ich bin kein Tier,
Das Menschen zerreißt und verschlingt:
Ich bin ein armes Wesen nur,
Das von seinem Elend singt.

21

Selbstqual

Oh, zwingt mich nicht, mit herbem Wort,
Mit hartem, euch zu nennen,
Denn solche Worte fort und fort
Auf meinem Herzen brennen.

Es hat solch Wort in dunkler Stund'
Mir Kraft und Mut gebrochen,
Als einst ein böser Menschenmund
Es zürnend ausgesprochen.

Wenn ich ein herbes Wort euch sag
In ungezähmtem Grimme,
Trifft wie ein blut'ger Geißelschlag
Mein Herz die eigne Stimme.

77

Ich grüße dich, du alte Nacht

Ich grüße dich, du alte Nacht,
Bekanntes, schwarzes Elend,
Du nahst dich mir so bitter vertraut,
Erhaben stumm befehlend.

Ich wehre mich nicht; du bist mir lieb,
Du bist verderbliche Wahrheit:
In deinem Dunkel liegt für mich
Meines wirren Jammers Klarheit.

25

Nur eine Träne gebt mir wieder

Nur eine Träne gebt mir wieder,
Nur eine einz'ge will ich haben!
Mit dieser Träne aber will ich
Das todeskranke Herze laben.

In diese Träne will ich senken
Mein ganzes namenloses Weh,
Mit dieser Träne will ich sagen,
Was ich stets fühl und kaum versteh!

8

Ich weiß es wohl

Ich weiß es wohl, nur Trotz und Widerspruch
Hört ihr aus jedem meiner Verse reden,
Und dieses kleine unscheinbare Buch,
Ihr werdet es verdammen und befehden.

Oh, tut es nicht! ... weil ich nicht singen kann
Der Freude Lied, sollt ihr nicht fürder grollen,
Was meine Muse trauervoll ersann, –
Glaubt mir, ich hab' es oft nicht singen *wollen*.

Wenn ich es dennoch immer wieder sang,
So ahnte mir, dass wo an fernem Orte
Ein Qualverwandter wortlos-leidend rang,
Der seinen Aufschrei fand in meinem Worte.

141

Küsse mich

Küsse mich, denn, ach, sie bluten
Alle noch die alten Wunden,
Küsse mich, dass ich vergesse
Alle die verfluchten Stunden!

Lass mich von den süßen Lippen
Wieder Glück und Liebe saugen,
Lass mich sterben, überstrahlet
Von dem Himmel deiner Augen!

33

Einst

Ach wie war es leer und schaurig,
Als ich einst die Straßen zog,
Lebensmüde, sterbenstraurig,
Still mich in Dein Fenster bog.
Als ich dann mit dumpfem Weinen
Auf der Schwelle niedersank,
Von den eis'gen Marmorsteinen
Glühend heiße Tropfen trank.
Bangte Dir, dass sie mich fänden? –
Doch Du hast mich nicht geschaut –
Denn es ward von Priesterhänden,
Fern, ein Weib Dir angetraut.

37

Gefallene Engel

Es ist die alte finstre Mär
Von zwei Vermaledeiten,
Die ohne Rast und ohne Ruh
Fort durch die Hölle schreiten.
Von Zweien, die voll Hochmut einst
Verschmäht des Himmels Frieden,
Und eine Seligkeit hindurch
Sich fremd und stolz gemieden;
Von zwei Vermaledeiten, die
So fern nun allem Reinen,
Sich suchen, finden, halten, ach!
Und weinen – weinen – weinen!

36

Christbaum

Hörst auch Du die leisen Stimmen
Aus den bunten Kerzlein dringen?
Die vergessenen Gebete
Aus den Tannenzweiglein singen?
Hörst auch Du das schüchternfrohe,
Helle Kinderlachen klingen?
Schaust auch Du den stillen Engel
Mit den reinen, weißen Schwingen? ...
Schaust auch Du Dich selber wieder
Fern und fremd nur wie im Traume?
Grüßt auch Dich mit Märchenaugen
Deine Kindheit aus dem Baume? ...

74

Nur einmal ist das fremde Kind

Nur einmal ist das fremde Kind
Im Leben Dir begegnet,
Und hat den einen Augenblick
Viel tausendmal gesegnet.

Viel tausendmal an Dich gedacht
Hat es in schwarzen Stunden,
Nach Dir gebangt, – nach Dir gesucht,
Und Dich zu spät gefunden.

Oft weckte Dich aus tiefstem Traum
Ein leises, bittres Weinen –
Es war die Seele, die Dich rief,
Die Seele der armen Kleinen ...

72

Der alte Kampf ist ausgekämpft

Der alte Kampf ist ausgekämpft;
Weit hinter mir liegt jede Qual,
Es fiel in meines Lebens Frost
Der erste warme Sonnenstrahl.

Weit hinter mir liegt Groll und Leid
Durch milde Tränen aufgetaut.
Mein Auge hat zum ersten Mal
Die Wahrheit und das Glück geschaut.

67

Nur mit der Poesie als Waffe

Das Poetische kann therapeutische Wirkungen haben. Das ist mittlerweile bekannt. Der kreative Umgang mit Wort und Sprache ist für nicht wenige ein Mittel, Krisen und Schicksalsschläge zu verarbeiten. Viele der schriftstellerisch tätigen Menschen holen und holten die Impulse für ihre Arbeit aus seelisch belastenden Lebensumständen, die sie nicht selten erst durch diese Art der Verarbeitung ertragen konnten. Beispiele hierfür gibt es unzählige. Dazu zählt auch die österreichische Schriftstellerin Ada Christen. Heute kaum noch bekannt, war sie für einige ihrer Zeitgenossen eine „Skandal-Dichterin", deren Werke als aufrührerisch und moralisch verwerflich gebrandmarkt wurden.

1839 (nach anderen Quellen 1844) als Christiane Rosalia Friederik in Wien geboren, wächst Ada Christen in der wohlhabenden Familie eines Großkaufmanns auf. Als der Vater aufgrund seiner Teilnahme an der 1848er-Revolution zu einer mehrjährigen Gefängnisstrafe verurteilt wird, stürzt die Familie in existenzielle Nöte. Der Tod ihres Vaters kurz nach der Haftentlassung führt dazu, dass Christiane selbst für ihren Lebensunterhalt aufkommen muss, zunächst als Näherin und Blumenverkäuferin, dann (gerade fünfzehnjährig) als Schauspielerin. Mit einer Wanderbühne zieht sie fast zehn Jahre durch Österreich und Ungarn. Zwischenzeitlich spielt sie einige Zeit am Meidlinger Theater und es entstehen erste literarische Arbeiten. 1864 heiratet Christiane Friederik den Schulrichter Siegmund von Neupauer und zieht mit ihm nach Ungarn.

Diese Ehe ist jedoch von harten Schicksalsschlägen geprägt. Schon wenige Jahre nach der Hochzeit stirbt ihr Mann an den Folgen eines schweren psychischen Leidens und lässt Christiane mit einem kleinen Mädchen fast mittellos zurück. Kurz darauf stirbt auch ihr Kind, was die junge Frau in eine schwere Krise stürzt. Nach

Wien zurückgekehrt, verdient sie den Lebensunterhalt mit Gelegenheitsarbeiten und Schauspielerei, doch sieht sie sich auch gezwungen, als Animierdame in diversen Nachtlokalen der Großstadt zu arbeiten. Diese Zeit empfindet sie als Zäsur, als Demütigung und gesellschaftlichen Absturz. Dieser wird für ihr literarisches Arbeiten einen zentralen Wendepunkt darstellen.

Während Christiane Friederik zuvor nur einzelne Volksstücke, Singspiele und Possen geschrieben hatte, wendet sie sich nun ganz der Lyrik zu und beginnt, ihr Schicksal mithilfe der Poesie aufzuarbeiten. In dieser Zeit tiefster materieller und psychischer Not und Verzweiflung kommt sie mit dem Schriftsteller Ferdinand von Saar in Kontakt, den sie schon in früheren Jahren kennengelernt hatte. Friedrich von Saar erkennt das lyrische Talent Christianes und regt sie dazu an, ihre Gedichte zu veröffentlichen. Er knüpft Kontakt zum Verlag Hoffmann und Campe in Hamburg, wo 1868 ihr erster Gedichtband erscheint – nicht unter ihrem bürgerlichen Namen, sondern unter dem Pseudonym Ada Christen, unter dem sie fortan veröffentlichen wird. Das Buch mit dem Titel „*Lieder einer Verlorenen*" wird in Wien für Aufsehen sorgen.

Der von Männern beherrschte Wiener Literaturbetrieb empfindet die Gedichte als Affront. Stein des Anstoßes sind Texte, die bezüglich Sexualität und Gesellschaftskritik für die damaligen Verhältnisse als äußerst gewagt bis unmoralisch gelten. Als Inspiration dienen Ada Christen vor allem ihre Erfahrungen mit der „feinen Gesellschaft" während ihrer Notlage. Da sie dieser in „*Lieder einer Verlorenen*" häufig den Spiegel vorhält, ist die Gegenwehr aus entsprechenden Kreisen besonders heftig. Konkret wird ihr auch vorgeworfen, sich dem damals geltenden Frauenbild offen zu widersetzen. Dennoch (oder gerade deswegen) wird das Buch zum Verkaufsschlager. Schon nach wenigen Monaten ist eine zweite Auflage notwendig. Dieser Umstand bewirkt, dass die Anfeindungen weiter zunehmen. Ada Christen wird als „traurigstes Spiegelbild unserer sittlichen Zustände" bezeichnet und als „verirrter Licht- strahl" verunglimpft, der ein „unheimliches Dunkel sichtbar macht". So aber wurde Christiane Friederik als Ada Christen über Nacht berühmt.

Zeitgenössische Karikatur von Ada Christen
in der Satirezeitschrift „Der Floh"

Diese Bekanntheit erstreckt sich jedoch nicht nur auf den Umkreis der Donaumonarchie. Hoffmann und Campe war ein deutscher Verlag, und so ist es nicht verwunderlich, dass die Gedichte auch beim deutschsprachigen Publikum außerhalb Österreichs verein- zelt auf Aufmerksamkeit stoßen. Anders als in Österreich werden sie in Deutschland zumeist wohlwollend aufgenommen. Dazu bei trägt vor allem, dass mit Theodor Storm ein hoch angesehener und berühmter Schriftsteller für die Verbreitung der Gedichte sorgt.

Storm hatte einige davon in seine 1870 erschienene Anthologie „*Hausbuch aus deutschen Dichtern seit Claudius*" aufgenommen. Fortan pflegen Christen und Storm einen jahrelangen Briefkontakt. Möglicherweise beflügelt durch diese literarische Unterstützung veröffentlicht Ada Christen in den nächsten Jahren mehrere weitere Lyrikbände, deren Texte zwar nun häufig weniger „anzüglich" oder auch „aufmüpfig" wirken, jedoch (wie im ersten Band) von einer tiefen melancholischen Grundstimmung geprägt sind.

Diese dürfte wohl den privaten Schicksalsschlägen geschuldet gewesen sein, die Ada Christen noch über Jahre hinweg schwer belasten. Eine leidgeplagte Liebe in der Ehe, vor allem jedoch der frühe Tod des einzigen Kindes haben bei der Dichterin lang anhaltende und tiefe Spuren hinterlassen. In mehreren Gedichten versucht sie, diesen Tod zu verarbeiten. Aber auch in den neuen Gedichten klingen ihre sozialkritischen Ansichten immer wieder an. Zudem versucht sie, die Kritiker ihres Werkes mit den Waffen der Poesie zu schlagen. Bisweilen bricht in ihr ein lyrisch verbrämter Zorn und Zynismus aus, mit denen sie der Kritik entgegentritt. Ungeachtet dessen hofft Ada Christen, nun zur anerkannten Schriftstellerin geworden zu sein, die von ihrer Arbeit leben kann. Inspiriert durch ihren Erfolg schreibt sie nun Erzählungen und Romane, die in ihrer Wirkung aber nicht an das Erstlingswerk heranreichen können.

Die Heirat mit dem wohlhabenden Unternehmer und ehemaligen Rittmeister Adalmar von Breden bringt für Ada Christen 1873 eine erneute Wende in ihrem Leben. Zum ersten Mal seit ihrer frühen Kindheit lebt sie wieder in finanziell gesicherten und gesellschaftlich gut situierten Verhältnissen. Das bringt sie dazu, in ihrem Haus einen literarischen Salon zu eröffnen, wo sich bald bekannte Dichter und Schriftsteller einfinden werden – neben Ferdinand von Saar etwa Ludwig Ganghofer, Ludwig Anzengruber und Friedrich Hebbel. In dieser Zeit beginnt Ada Christen vermehrt in periodischen Schriften zu publizieren, etwa im „Illustrierten Österreichischen Volkskalender" und in verschiedenen Tageszeitungen und Zeitschriften. Über ihren Kreis lernt sie 1875 Marie von Ebner-Eschenbach kennen und wird mit ihr später zu einer der Mitbegründerinnen des Vereins der Schriftstellerinnen und Künstlerinnen in Wien werden.

Bedingt durch wirtschaftliche Misserfolge wird die finanzielle Situation des Ehepaars von Breden zwischen 1876 und 1880 nochmals prekär. In dieser schwierigen Zeit knüpft Ada Christen erneut an ihre lyrische Tradition an und veröffentlicht 1878 mit „*Aus der Tiefe*" ihren letzten Gedichtband. Auch hier findet sie in der Lyrik das Mittel, ihre seelische Not auszudrücken. Nachdem sich die Lage stabilisiert hat, konzentriert sie sich jedoch schnell wieder auf die Prosa. Es erscheinen weitere Erzählungen und der Roman „*Jungfer Mutter – Eine Vorstadtgeschichte*". Dieser wird recht populär und findet allgemein Anklang. In diesem Werk nimmt sie sich als erste österreichische Schriftstellerin dem großstädtischen Proletariat an. In Anlehnung an ihre eigene Lebensgeschichte gibt sie darin Arbeiterinnen und Arbeitern in prekären Verhältnissen, ja selbst Prostituierten, eine Stimme. Somit bleibt sie ihrer sozialkritischen Linie, die sie schon in „*Lieder einer Verlorenen*" zeigte, treu. Allerdings wird die Verbindung zu ihrem Erstlingswerk für Ada Christen zunehmend zur Bürde, haftet ihr doch noch immer der Ruch des Unmoralischen und Dekadenten an – etwas, was ihrem Streben, eine anerkannte und „seriöse" Schriftstellerin zu werden, im Wege steht. So kauft sie zusammen mit ihrem Mann alle noch im Buchhandel vorrätigen Exemplare der „Lieder" auf. Nichts soll sich dem erstrebten Ruhm, der sich mit „*Jungfer Mutter*" langsam anzubahnen scheint, in den Weg stellen. Doch es kommt anders.

1894, zwei Jahre nach seinem Erscheinen, soll der Roman als Volksstück am Deutschen Volkstheater Wien aufgeführt werden. Die Erwartungen der Dichterin wie auch des Publikums sind hoch. Doch die Darbietung wird zum Fiasko. Das Stück fällt durch und wird von der Presse zerrissen. Das trifft die Autorin ins Mark. Die Aussicht, mit diesem Werk zur berühmten und allseits geschätzten Schriftstellerin zu werden, wurde an diesem Abend gänzlich zerstört. In der Folge zieht sich Ada Christen vollkommen aus der Öffentlichkeit zurück und publiziert nichts Neues mehr. In ihrem Anwesen an der Laxenburger Straße in Inzensdorf südlich von Wien widmet sie sich fortan der Pflanzenzucht und betreibt eine Art Gärtnerei. Ein langjähriges Herz- und Nervenleiden macht ihr zunehmend zu schaffen. Nach mehreren Kuraufenthalten stirbt Ada Christen in ihrem Haus (das im Volksmund „Einsamhof" genannt wird) am 19. Mai 1901. Ihre letzte Ruhestätte findet sie auf dem Evangelischen Friedhof Matzleinsdorf im 10. Wiener Bezirk.

Grabmal von Adalmar und Christiane von
Breden (Ada Christen)

Wie so oft in einem Künstlerleben stellt sich auch bei Ada Christen die Frage: Was bleibt? Dem heutigen Bekanntheitsgrad der Autorin nach zu urteilen, müsste man antworten: nicht viel. Da ist eine Gasse in Wien, die seit 1968 ihren Namen trägt. Und da ist ihr Einsatz für Benachteiligte und Unterdrückte. In ihrem Heimatland wird sie hin und wieder im Zusammenhang mit dem Kampf für Frauenrechte erwähnt, ebenso wie man ihren Namen hören kann, wenn es um die beginnende Auflehnung des Proletariats gegen die Feudalherrschaft Ende des 19. Jahrhunderts geht. Damit würdigt man jedoch nur die Beweggründe für ihr literarisches Schaffen, nicht jedoch dieses selbst. Kann man da von etwas Bleibendem reden?

Es kommt darauf an, wie man „das Bleibende" definiert. Man kann es an Begriffen wie Berühmtheit oder Nachhall bzw. Nachwirkung festmachen. Damit hängt man „das Bleibende" aber sehr hoch. Man deutet es damit ausschließlich aus Sicht der individuellen Leistung einer Künstlerin oder eines Künstlers. Es geht um sein oder ihr persönliches Werk, darum, welche Spuren es hinterließ und wie es die Kunst späterer Zeiten beeinflusste. Aber dann hätten nur Shakespeare und Goethe, Bach und Beethoven, Leonardo da Vinci und Picasso wirklich Bleibendes geschaffen und hinterlassen. Bei vielen Kunstschaffenden zeigt sich ihr bleibendes Vermächtnis vielmehr im Einordnen ihres Werkes in eine Zeitepoche, und zwar insofern, als sie dieser zu ihrer eigentlichen Bedeutung und Wirkmacht mit verhalfen – im Hinzufügen ihres ganz persönlichen Mosaiksteines, so klein dieser auch gewesen sein mag.

Auch später vergessene Künstlerinnen und Künstler haben ihren Anteil am Bleibenden, indem sie Teil der Zeitgeschichte sind, selbst wenn sie zu Lebzeiten nur sehr wenige Menschen beeindruckt oder nur sehr kurze Zeit gewirkt haben. Aber reicht das aus, Werke heute weitgehend Unbekannter durch Neuauflagen „wiederzubeleben"? Zeiten ändern sich, Menschen und Gesellschaften tun dies auch. Was sich nicht ändert, ist das Künstlerische, das Poetische an sich als Ausdrucksmöglichkeit des Menschlichen. Gewiss ändert sich die Art und Weise, sich künstlerisch auszudrücken, aber eben nicht die Fähigkeit des Individuums sich künstlerisch mitzuteilen, seine Empfindungen, seine Ideen, seine Wünsche und Träume zu äußern. Darin liegt dann auch die Begründung dafür, dass man Werke wie die von Ada Christen heute wieder neu zugänglich macht – nicht aus kunsthistorischen oder gesellschaftspolitischen, sondern aus elementar menschlichen Gründen. Indem etwa jene Werke auch den heute Lebenden zeigen: So ist es möglich, mithilfe künstlerischer Neigungen und Talente (die ja in jedem grundsätzlich angelegt sind) das Leben zu meistern.

Damit schließt sich der Kreis zum anfangs angesprochenen therapeutischen Wesensmerkmal künstlerischen Wirkens, gleich welcher Art es sei. Ada Christen ihrerseits hat diesen therapeutischen Aspekt gar nicht so sehr auf sich selbst bezogen, zumindest nicht bewusst. In ihrem letzten Gedichtband „Aus der Tiefe" findet sich allerdings eine Strophe, in der sie eine Begründung findet für ihr poetisches Schaffen, so unvollkommen sie es selbst auch empfunden haben mag – wenn nämlich irgendwo die Seelenpein einer Leserin oder eines Lesers dank ihrer Worte ein Echo und damit Entlastung findet:

Wenn ich es dennoch immer wieder sang,
So ahnte mir, dass wo an fernem Orte
Ein Qualverwandter wortlos-leidend rang,
Der seinen Aufschrei fand in meinem Worte.

Das lyrische Werk von Ada Christen:

- Lieder einer Verlorenen
  Erstdruck: Hamburg (Hoffmann & Campe), 1868
- Aus der Asche
  Erstdruck: Hamburg (Hoffmann & Campe), 1870
- Schatten
  Erstdruck: Hamburg (Hoffmann & Campe), 1872
- Aus der Tiefe
  Erstdruck: Hamburg (Hoffmann & Campe), 1878

Quelle für die in diesem Buch abgedruckten Gedichte:

- Ada Christen, Gedichte (Hofenberger Sonderausgabe), Verlag der Contumax, Berlin, 2015, ISBN 978-3-8430-7992-1

Bildnachweise:

- Cover: Portraitfoto von Josef Székely (1838–1901), Bildarchiv Austria, ÖNB
- Seite 75: Karikatur, ÖNB/Bildarchiv PORT_00000696_01
  Quelle: https://fraueninbewegung.onb.ac.at/node/2710
- Seite 78: Grabmal von Breden, Wikipedia, https://commons.wikimedia.org/wiki/File:Grab_von_Ada_Christen.JPG

Empfehlungen

Jan J. Laurenzi
Flores Lunae
Worte aus den Wogen der Nacht
- Gedichte -
BoD, 78 Seiten, € 7,95 / E-Book € 5,99

Jan J. Laurenzi nimmt Sie mit auf eine lyrische Reise durch die Emotionen der Nacht: Liebe, Lust, Enttäuschung, Depression und Hoffnung. Die Gedichte sind Etappen einer Reise durch eine Krise, an deren Ende ganz schüchtern ein Licht flackert.

Jan J. Laurenzi
Mutter Corona
Botschaften aus der Psychiatrie
- Eine Fiktion -
BoD, 126 Seiten, € 10,00 / E-Book € 7,99

Im Juni 2020 wurde Petra S. in die geschlossene Abteilung einer psychiatrischen Klinik eingewiesen. Sie hatte auf einer Corona-Demonstration mit einem Küchenmesser bewaffnet die Bühne gestürmt. Sie bezeichnete sich als Wiedergeburt der heiligen Corona und verlangte vor dem deutschen Bundestag und der UN-Vollversammlung in New York sprechen zu dürfen. Sie habe von Gott den Auftrag bekommen, die Welt vor dem Untergang durch Covid-19 zu retten. Ihr behandelnder Arzt bemerkte, dass die Äußerungen von Petra S. (die verlangte, mit Mutter Corona an-gesprochen zu werden), zwar eindeutig schizophrene Züge trugen, von ihrer intellektuellen Qualität und Tiefe aber nicht mit dem Bildungs- und Wissensstand der Patientin in Übereinstimmung gebracht werden konnten. Er führte mit ihr Gespräche außerhalb des therapeutischen Settings und protokollierte sie. Wie Petra S. zu ihren komplexen Gedankengängen kam, blieb ihm bis zum Schluss ein Rätsel.